Exi Caraballo

Té de Canela

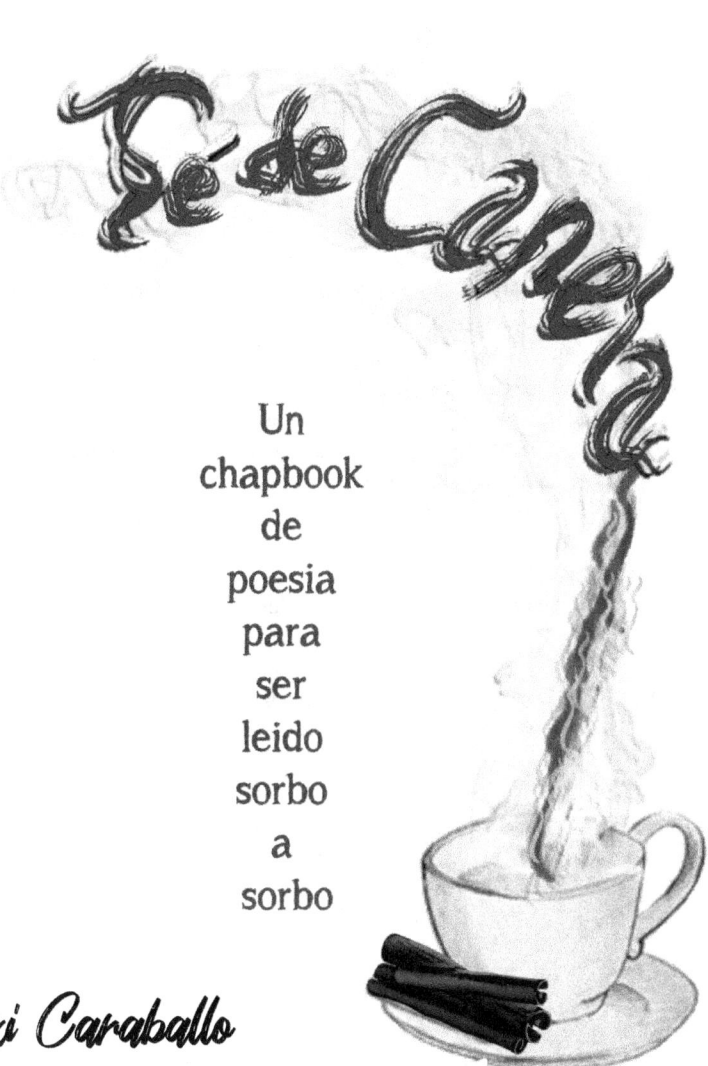

Un chapbook de poesia para ser leido sorbo a sorbo

Exi Caraballo

Té de Canela
Un Chapbook de Poesía para ser leído poco a poco
Por: Exi Caraballo

Copyright© 2022 Nathaly Maria Peguero Caraballo

Todos los derechos reservados. Ninguna parte de esta publicación puede ser reproducida, distribuida o transmitida en cualquier forma o por cualquier medio electrónico o mecánico, incluyendo fotocopias, grabaciones o por cualquier sistema de almacenamiento y recuperación de información, sin el permiso previo por escrito del editor o propietario de los derechos de autor, excepto en el caso de citas breves incorporadas en reseñas críticas y ciertos otros usos no comerciales permitidos por la ley de derechos de autor.

ISBN:978-1-7354562-3-2 (Tapa blanda)

Diseño de cubierta y diagramación por Quisqueyana LLC
Contribuyente: Manuel Ángel Suárez

Para ordenar copias adicionales del libro, visite QuisqueyanaPress.com/tienda, Amazon.com o contacte:

Quisqueyana Press
Poway, California, USA
info@quisqueyanapress.com
www.quisqueyanapress.com

Tabla de Contenido

INTRODUCCION

Primer sorbo "Viaje hacia mi interior"

    Sentimiento Denso

Segundo sorbo "Saboreando los recuerdos"

    Pensamientos Canela

Tercer sorbo "En buena compañía"

    Mismo lugar

Cuarto sorbo "Sabrosa melodía"

    Un ritmo a mis pensamientos

Quinto sorbo "La naturaleza y yo"

    Árbol de taza

Introducción

Este libro tiene el propósito de convertir el momento del té, un momento completamente consciente. No solo sentir un simple té de canela, sino sentir una conexión con este té que te tomarás en este momento, sentir nuestro cuerpo y alma hacerse parte del té. Y este sea no tanto beneficioso para nuestro cuerpo sino también para nuestra mente y alma.

"La vida es el momento en que tomas consciencia"

Primer Sorbo

"Viaje hacia mi interior"

Sentimiento Denso

na bella danza
              juega con mis dedos,
sus tiras de vapor con fragancia a canela
              acarician mis penas,
creando un sentimiento de paz.

Sus aguas
            prenden en llamas
                    el centro de mi corazón,
creando un espacio perfecto

de donde brotan de mis ojos,

los ojos del alma,

y todo se comienza a verse con más profundidad,

todo es más pacífico,

todo se hace parte de mí,

volviéndome **yo** parte de todo.

Segundo Sorbo

"Saboreando los Recuerdos"

Pensamientos Canela

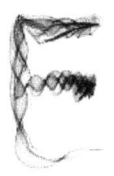 stas tiras de vapor
  con fragancia a canela,
    acarician mi rostro.
      Inhaladas por mí,
    abrigan mis pensamientos
  dejándole un aroma a canela.

Estas tiras de vapor

    buscan los pensamientos adecuados,

        entonces comienzo a recordar

            aquello que en algún momento

            me hizo sentir bien

                y que ahora

                    me sigue haciendo sentir bien,

                      y con algunas carcajadas

                finalizo este té de canela.

Tercer Sorbo

"En buena compañía"

Mismo lugar

Nuestras energías fluyen

a través del vapor

y entre ellas se mezclan,

buscando alguna compatibilidad entre ellas.

Ahora estamos en el mismo lugar.
Entonces nuestros pensamientos fluyen,
presto atención a sus pensamientos
y un sorbo de infusiones
prepara mis palabras para salir.

El aroma a canela nos rodea,

nos relaja.

Las tazas de té,

se han convertido en fuentes de buena energía.

Esta persona se ha vuelto parte

de un agradable momento en mi vida.

Espero que también en su vida

este haya sido un agradable momento.

Cuarto Sorbo

"Sabrosa melodía"

Un ritmo a mis pensamientos

        con una música
                        de ritmo lento
    acompaño este té de canela.

Aquella música

A
   b
     l
       a
         n
           d
     a mi corazón
y el vapor del té me mantiene con vida,

        ...de este té me sostengo.

Los latidos de mi corazón

se hacen

más lentos,

Pero más profundos.

Observo aquello que me rodea,
el ritmo de la música viaja

a través de mis venas

y hace vibrar mis sentimientos.

Recuerdo que te amo tanto
(palabras de mi hacia mi mente superior)
dándole un abrazo
desde lo más profundo de mi ser.

Le agradezco por acompañarme toda esta vida,

reír conmigo,

llorar conmigo,

...y disfrutar este té tan delicioso.

Quinto Sorbo

"La naturaleza y yo"

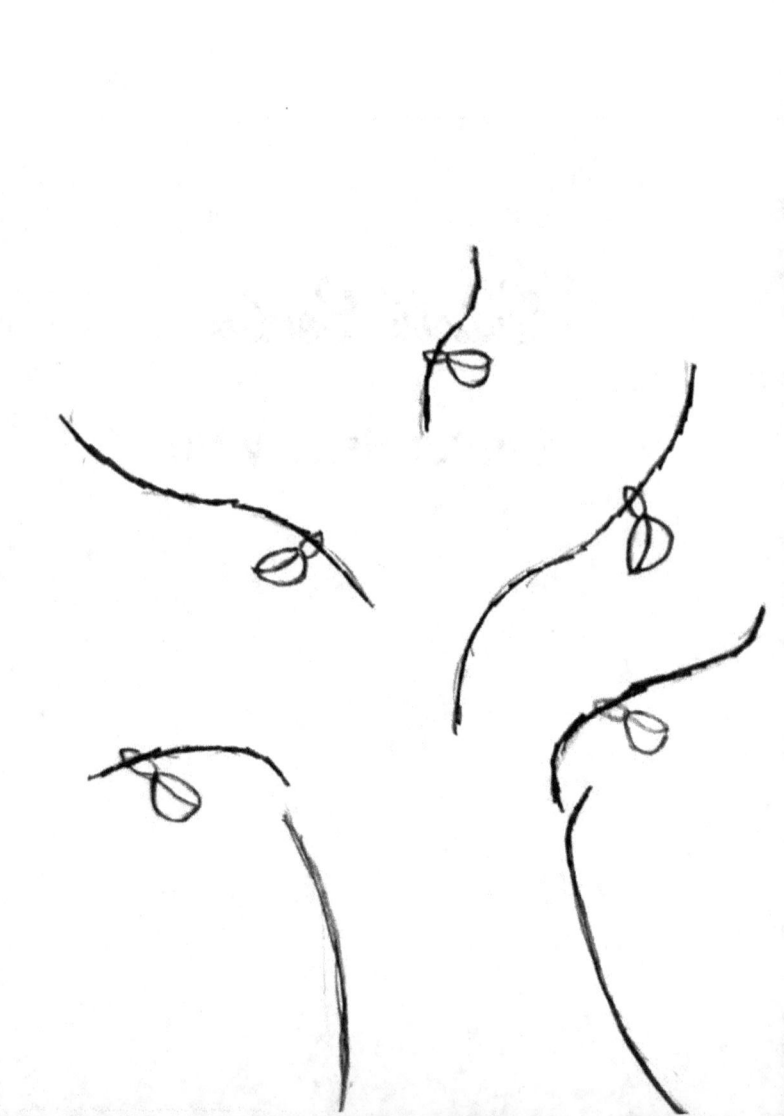

Árbol de Taza

Con la punta de mi dedo

comienzo a tocar tu tronco

y éste purifica mis energías,

las limpia,

dejando mi mente

sana y libre de males.

Eres como un cargador.

Tus hojas abrazan los rayos del sol

tomando un hermoso color verde reluciente.

Una danza con el viento

y tus raíces abrazan la tierra

y todo a su alcance.

Tienes los tres puntos.

Parándome frente a ti,

levanto mi cabeza para mirar la tuya.

Toco tu tronco y toco mi corazón.

Muevo los dedos de mis pies,

sabiendo que debajo están los tuyos.

Mientras me tomo este té,

me abrazan tus brazos de energía,

entonces tú y yo nos sentimos bien,

uno con el **otro.**

Si te ha gustado este libro, no olvides dejar una reseña o comentario en Amazon, esto será grandemente apreciado.

Visita mi página de autor en

https://quisqueyanapress.com/exi-caraballo

www.ingramcontent.com/pod-product-compliance
Lightning Source LLC
Chambersburg PA
CBHW071918070526
44583CB00016B/2041